SUPERCOMPUTER

Wie Hochleistungsrechner
unsere Welt verändern

Philipp Frühwirth

INHALT

Titelseite

Impressum

Die Geschichte der Supercomputer   1

Wie funktionieren Supercomputer?   3

Die Architektur von Supercomputern   5

Die Top 10 Supercomputer der Welt   7

Anwendungen von Supercomputern in verschiedenen Branchen   10

Wissenschaftliche Forschung mit Supercomputern   12

Künstliche Intelligenz und Machine Learning auf Supercomputern   14

Quantencomputer versus Supercomputer   16

Herausforderungen bei der Entwicklung von Supercomputern   18

Energieeffizienz von Supercomputern   20

Supercomputer und Big Data   22

Vernetzung und Parallelisierung von Supercomputern   24

Anforderungen an Supercomputer für das Exascale-Zeitalter   27

Die Rolle von Supercomputern bei der Lösung globaler Herausforderungen   29

Potenzial und Risiken von Supercomputern im militärischen Bereich   31

Supercomputing as a Service - die Zukunft des 34
Supercomputing?

Das Verhältnis von Supercomputern zur klassischen IT- 36
Infrastruktur

Der Mensch hinter dem Supercomputer - Berufe im 38
Supercomputing-Umfeld

Die Bedeutung internationaler Kooperationen für den 40
Fortschritt im Supercomputing

Die Zukunft der Supercomputer - Prognosen und 43
Perspektiven

DIE GESCHICHTE DER SUPERCOMPUTER

Die Geschichte der Supercomputer reicht bis weit in die Vergangenheit zurück und ist eng mit der Entwicklung von Computern und der Digitaltechnologie verbunden. Der erste Supercomputer wurde in den 1960er Jahren gebaut und hatte einen riesigen Platzbedarf von über 70 Quadratmetern. Seitdem haben sich Supercomputer immer weiter entwickelt und sind zu den leistungsstärksten und fortschrittlichsten Maschinen der Welt geworden.

In den 1950er Jahren hatten Computer noch eine äußerst begrenzte Kapazität und mussten von Hand programmiert werden. Der erste Supercomputer, der von Seymour Cray entwickelt wurde, war der Control Data Corporation CDC 6600 und wurde 1964 in Betrieb genommen. Dieser Supercomputer wiegt etwa 2.000 Kilogramm und war unglaubliche fünfmal schneller als alle anderen Computer seiner Zeit. Der CDC 6600 stellte einen enormen Sprung in der Computerleistung dar und wurde von Forschern und Wissenschaftlern schwerpunktmäßig im Bereich der Kernforschung eingesetzt.

In den 1970er Jahren wurde die Leistung der Supercomputer noch weiter gesteigert und erreichte 1985 den ersten Supercomputer, der einen Gigaflop (eine Milliarde Operationen pro Sekunde) leisten konnte. Der Cray-2 Supercomputer war damals führend und wurde von Wissenschaftlern und Forschern in den Bereichen Wettervorhersage und Chemie eingesetzt.

In den 1990er Jahren wurde die Entwicklung von Supercomputern durch den Zusammenbruch der Kaltkriegsära beeinflusst. Wissenschaftler begannen, das enorme Potenzial von Supercomputern in der Erforschung von Technologien, der Klimaforschung und der Biologie zu erkennen. Der erste Supercomputer, der eine Trillion Operationen pro Sekunde (ein Pflop) leisten konnte, wurde schließlich in den 2000er-Jahren entwickelt.

Die heutigen Supercomputer haben eine noch nie dagewesenen Rechenleistung und werden in vielen Bereichen eingesetzt. Wissenschaftler und Forscher nutzen sie zur Erforschung neuer Technologien im Bereich der künstlichen Intelligenz, der Quantenphysik, der Bioinformatik, der Astrophysik, der Wettervorhersage und der Simulation von Naturkatastrophen. Durch die Leistungssteigerung von Supercomputern werden außerdem neue wissenschaftliche Entdeckungen gemacht, die für die menschliche Gesundheit und die Umwelt von großer Bedeutung sind.

Die Geschichte der Supercomputer zeigt, wie diese Maschinen immer weiter entwickelt wurden, um die Bedürfnisse der Wissenschaft und Forschung zu erfüllen. Supercomputer sind aber nicht nur für wissenschaftliche Forschung von Bedeutung, sondern auch für Unternehmen und Organisationen. Sie ermöglichen es, schneller bessere Geschäftsentscheidungen zu treffen, indem sie große Datenmengen in Echtzeit analysieren und präzise Vorhersagen treffen können.

WIE FUNKTIONIEREN SUPERCOMPUTER?

Supercomputer sind leistungsstarke Rechenhilfsmittel, die es ermöglichen, komplexe und umfangreiche Datenmengen in kürzester Zeit zu bearbeiten. Aber wie funktionieren diese Rechenmonstren eigentlich?

Grundsätzlich basiert die Funktionsweise von Supercomputern auf der Architektur von klassischen Computern. Der Hauptunterschied besteht jedoch darin, dass Supercomputer viel mehr Rechenkerne und Arbeitsspeicher besitzen als gewöhnliche Computer.

Supercomputer arbeiten mit sogenannten Prozessoren, auch CPU (Central Processing Unit) genannt, die im Gegensatz zu normalen PCs nicht nur aus einem, sondern aus mehreren Kernen bestehen. Auf diese Weise können Supercomputer mehrere Rechenaufgaben parallel bearbeiten und somit deutlich schneller arbeiten. Moderne Supercomputer besitzen bis zu mehreren Millionen Rechenkernen.

Ein weiterer wichtiger Bestandteil von Supercomputern ist der Arbeitsspeicher. Dieser ist deutlich größer als bei herkömmlichen Computern, da Supercomputer mit Datenmengen arbeiten, die um ein Vielfaches größer sind. Ein hoher RAM-Speicher gewährleistet dabei nicht nur die Geschwindigkeit bei der Bearbeitung von großen Datensätzen, sondern reduziert auch die Notwendigkeit, Daten auf Massenspeichern zwischenzulagern.

Neben der Architektur setzt die Leistung von Supercomputern auch eine spezielle Software voraus. Betriebssysteme wie Linux oder Microsoft Windows Server kommen hierbei auch zum Einsatz, jedoch werden diese oft für den Einsatz in Supercomputern modifiziert. Außerdem haben die meisten Supercomputer eigene Programme und Tools, die speziell für die Nutzung der Rechenleistung entwickelt wurden.

Ein weiterer wichtiger Aspekt bei der Funktionsweise von Supercomputern ist die Vernetzung von Recheneinheiten. Die meisten Supercomputer bestehen nicht nur aus einem CPU, sondern aus vielen, die miteinander verkettet sind. Diese Verbindungen ermöglichen es, dass Daten zwischen den einzelnen Komponenten schnell übertragen werden können. Dabei kommen oft Verfahren wie Infiniband zum Einsatz, die sehr schnelle Verbindungen gewährleisten.

Einige Supercomputer benutzen auch Grafikkarten, um die Rechenleistung zu erhöhen. Diese bieten speziell entwickelte Co-Prozessoren, die als Rechenbeschleuniger fungieren können und damit die Geschwindigkeit bei bestimmten Anwendungen erhöhen.

Um die hohe Rechenleistung von Supercomputern zu erzeugen und das Energie-Budget zu optimieren, muss auch eine geeignete Kühlung eingesetzt werden. Da Supercomputer enorm viel Wärme produzieren, müssen diese rheologisch gebaut und gekühlt werden.

Zusammenfassend können wir sagen, dass Supercomputer aufgrund ihrer speziellen Architektur, der großzügig dimensionierten Hardware-Komponenten, der spezifischen Software und ihrer Vernetzung in der Lage sind, enorme Datenmengen schnell und effizient zu bearbeiten. Dadurch ermöglichen sie bei vielen Anwendungen der Wissenschaft, Forschung und Industrie, neue Erkenntnisse und Entwicklungen, die ohne sie nicht möglich wären.

DIE ARCHITEKTUR VON SUPERCOMPUTERN

Die Architektur von Supercomputern ist im Vergleich zu herkömmlichen Computern etwas komplexer. In diesem Kapitel werde ich Ihnen einen Überblick über die verschiedenen Architekturkomponenten eines Supercomputers geben.

Die Architektur von Supercomputern besteht aus mehreren Ebenen, die alle eng miteinander verknüpft sind. Die wichtigsten Architekturkomponenten sind die folgenden:

1. Prozessoren
Die meisten Supercomputer nutzen mehrere Prozessoren, um eine höhere Leistung zu erzielen. Es ist möglich, Tausende von Prozessoren in einem einzigen Supercomputer zu verwenden. Diese Prozessoren arbeiten parallel an verschiedenen Teilen des Problems und teilen das Ergebnis später zusammen. Sie sind in sogenannten Nodes organisiert, die über ein Netzwerk verbunden sind.

2. Speicher
Supercomputer benötigen eine große Menge an Speicherplatz, um die Daten zu speichern, an denen sie arbeiten. Sie verfügen normalerweise über einen schnellen, aber teuren Hauptspeicher (RAM) und einen langsameren, aber günstigeren Festplattenspeicher.

3. Netzwerk
Die Nodes in einem Supercomputer sind über ein Hochgeschwindigkeitsnetzwerk miteinander verbunden, damit sie effektiv zusammenarbeiten können. Es ist wichtig, dass das Netzwerk schnell und zuverlässig ist, damit es keine Engpässe

gibt und die Daten schnell und reibungslos übertragen werden können.

4. Betriebssystem

Auf Supercomputern läuft normalerweise ein speziell angepasstes Betriebssystem. Dieses Betriebssystem ist so konzipiert, dass es die riesigen Datenmengen, die von Supercomputern verarbeitet werden, effektiv verwalten kann. Ein weiterer wichtiger Aspekt des Betriebssystems von Supercomputern ist, dass es eine effiziente Verwaltung von Jobs ermöglicht, damit mehrere Nutzer gleichzeitig den Supercomputer verwenden können.

5. Interconnect-Technologie

Eine weitere wichtige Komponente bei der Architektur von Supercomputern ist die Interconnect-Technologie. Dies umfasst die Hardware und die Software, die die Nodes miteinander verbinden, damit sie effektiv zusammenarbeiten können.

Zusammenfassend lässt sich sagen, dass die Architektur von Supercomputern im Vergleich zu herkömmlichen Computern komplex ist. Um jedoch komplexe Probleme schnell und effektiv zu lösen, benötigen wir leistungsfähige Supercomputer, die aus mehreren miteinander verbundenen Ebenen bestehen. Eine effektive Architektur ist daher von entscheidender Bedeutung, um sicherzustellen, dass die verschiedenen Komponenten des Supercomputers effektiv zusammenarbeiten können.

DIE TOP 10 SUPERCOMPUTER
DER WELT

Die Top 10 Supercomputer der Welt sind eine faszinierende Zusammenstellung von Meisterleistungen der Supercomputing-Industrie. Jedes Jahr werden die Ergebnisse des HPCG (High-Performance Conjugate Gradient) und des LINPACK-Benchmarks veröffentlicht, um zu bestimmen, welche Supercomputer weltweit am schnellsten arbeiten und damit zu den Top 10 gehören. Die meisten der Supercomputer befinden sich in den USA, Europa und Asien. Hier ist ein Überblick über die Top 10 Supercomputer der Welt im Jahr 2021.

1. Fugaku, RIKEN R-CCS, National Institute of Advanced Industrial Science and Technology (Japan) - Mit einer Geschwindigkeit von mehr als 400 Billiarden Rechenoperationen pro Sekunde (Höchstleistung von 442 Petaflops im LINPACK-Test) ist der Fugaku der schnellste Supercomputer der Welt. Er arbeitet mit einer energieeffizienten Architektur namens ARM64, die 152.064 Prozessoren (CPUs) und 3,3 Millionen Kerne umfasst. Er wird hauptsächlich für komplexe Simulationsaufgaben wie Klimamodelle und medizinische Forschung genutzt.

2. Summit, Oak Ridge National Laboratory (USA) - Mit einer Höchstleistung von 148,6 Petaflops ist der Summit der schnellste Supercomputer in den USA. Er verwendet IBM Power9 Prozessoren und NVIDIA Volta-Grafikprozessoren. Er wird zur Simulation von Materialien, Biowissenschaften und Energiemanagement verwendet.

3. Sierra, Lawrence Livermore National Laboratory (USA) - Mit einer Höchstleistung von 94,6 Petaflops ist der Sierra der zweitgrößte Supercomputer in den USA. Er verwendet die

gleiche Hardware wie Summit, hat aber mehr Speicherplatz. Er wird zur Kernfusionsforschung und zur Überwachung des Atomwaffenarsenals der USA eingesetzt.

4. Sunway TaihuLight, National Supercomputer Center in Wuxi (China) - Mit einer Höchstleistung von 93 Petaflops ist der TaihuLight der schnellste Supercomputer in China. Er verwendet einen selbst entwickelten Prozessor namens Sunway SW26010, der 260 Kerne hat. Er wird zur Klimaforschung, aerodynamischen Simulationen und industriellen Anwendungen eingesetzt.

5. Tianhe-2A, National Supercomputer Center in Guangzhou (China) - Mit einer Höchstleistung von 61,4 Petaflops ist der Tianhe-2A der zweitschnellste Supercomputer in China. Er verwendet Intel Xeon-Prozessoren und Matrix-2000-Grafikprozessoren von NVIDIA. Er wird in den Bereichen Klimaforschung, Energie und Bioinformatik eingesetzt.

6. SuperMUC-NG, Leibniz-Rechenzentrum (Deutschland) - Mit einer Höchstleistung von 21,2 Petaflops ist SuperMUC-NG der schnellste Supercomputer in Europa. Er verwendet Intel Xeon Platienen-Pocessoren und ist auf komplexe Simulationen in den Bereichen Klima, Astrophysik und Biologie spezialisiert.

7. HPC5, Eni S.p.A. (Italien) - Mit einer Höchstleistung von 16,7 Petaflops ist der HPC5 der schnellste Supercomputer in Italien. Er verwendet AMD EPYC-Prozessoren und wird in der Energiewirtschaft, bei der Erschließung von Ölquellen und in der künstlichen Intelligenz eingesetzt.

8. Selene, NVIDIA (USA) - Mit einer Höchstleistung von 15,6 Petaflops ist Selene der schnellste Supercomputer der Welt, der von einem Unternehmen betrieben wird. Er verwendet NVIDIA A100-Grafikprozessoren und wird hauptsächlich zur Unterstützung von Entwicklern bei der Erstellung von KI-Modellen und Simulationen eingesetzt.

9. JUWELS Booster, Jülich Supercomputing Centre (Deutschland)

- Mit einer Höchstleistung von 44,1 Petaflops wird der JUWELS Booster in Bereichen wie Materialforschung, Klimawissenschaft und Bioinformatik eingesetzt. Er verwendet Intel Xeon Platinum-Prozessoren.

10. Azores, University of Coimbra (Portugal) - Der Azores-Supercomputer wird von der Universität Coimbra betrieben und hat eine Höchstleistung von 5,2 Petaflops. Er wird hauptsächlich zur Unterstützung von Forschungen in den Bereichen Astronomie, Astrophysik und Bioinformatik eingesetzt.

ANWENDUNGEN VON SUPERCOMPUTERN IN VERSCHIEDENEN BRANCHEN

Supercomputer sind nicht nur ein wissenschaftliches oder militärisches Werkzeug, sondern auch in vielen Branchen im Einsatz. In diesem Kapitel werden die Anwendungen von Supercomputern in verschiedenen Geschäftsbereichen diskutiert und wie sie die betreffenden Branchen beeinflusst haben.

1. Finanzdienstleistungen

Die Finanzbranche ist bekannt für ihren Fokus auf schnelle Datenverarbeitung und genaue Prognosen. Supercomputer spielen hier eine wichtige Rolle, um komplexe Finanzmodelle zu berechnen oder den Markt in Echtzeit zu analysieren. Banken und Hedgefonds setzen Supercomputer ein, um beispielsweise Vorhersagen über Aktienkurse, Devisenbewegungen und Trends an den Finanzmärkten zu erstellen.

2. Öl- und Gasindustrie

Die Öl- und Gasindustrie nutzt Supercomputer beim Aufspüren und Ausbeuten von Öl- und Gasressourcen. Hier werden sie verwendet, um komplexe seismische Daten zu analysieren und vorherzusagen, wo Öl- und Gasvorkommen gefunden werden können. Supercomputer können auch dabei helfen, das Verhalten von Ölfeldern zu simulieren, um bessere Entscheidungen in Bezug auf deren Verwaltung und Erhaltung zu treffen.

3. Automobilindustrie

In der Automobilindustrie helfen Supercomputer dabei, komplexe Simulationen durchzuführen, um beispielsweise Crash-

Tests durchzuführen oder das aerodynamische Verhalten von Fahrzeugen zu analysieren. Dies kann helfen, die Sicherheit und Leistung von Fahrzeugen zu verbessern, bevor sie auf den Markt kommen.

4. Medizin und Biotechnologie

Die Anwendung von Supercomputern in der medizinischen Forschung hat in den letzten Jahren deutlich zugenommen. Supercomputer können dazu verwendet werden, komplexe biochemische Prozesse zu simulieren, Medikamente zu entwickeln und Krankheitsprognosen zu erstellen. Sie können auch dazu beitragen, DNA-Sequenzierungsdaten zu analysieren und personalisierte Medizin zu entwickeln.

5. Raumfahrt

Die NASA und andere Raumfahrtorganisationen setzen Supercomputer ein, um das Verhalten von Flüssigkeitsströmungen, thermodynamischen Systemen und das Verhalten von Satelliten und Raumfahrzeugen zu simulieren. Sie können auch dazu beitragen, die Auswirkungen von Langzeitmissionen auf die Gesundheit der Astronauten und die menschliche Leistungsfähigkeit zu simulieren.

Zusammenfassend lässt sich sagen, dass Supercomputer in vielen Branchen ein wichtiges Werkzeug geworden sind, um komplexe Probleme zu lösen und bessere Entscheidungen zu treffen. Ihre enorme Rechenleistung und Fähigkeit, große Datenmengen schnell zu verarbeiten, haben es ermöglicht, Bedenken und Unklarheiten zu beseitigen und neue Erkenntnisse zu generieren.

WISSENSCHAFTLICHE FORSCHUNG MIT SUPERCOMPUTERN

Supercomputer haben eine transformative Wirkung auf die wissenschaftliche Forschung. Durch die hohe Rechenleistung dieser Maschinen sind Wissenschaftler in der Lage, komplexe Simulationen durchzuführen, Daten in Echtzeit zu analysieren und bahnbrechende Entdeckungen zu machen.

Ein Bereich, in dem Supercomputer besonders häufig eingesetzt werden, ist die Astrophysik. Mit Supercomputern können Wissenschaftler die Entwicklung des Universums seit dem Urknall modellieren und simulieren. Dazu gehören auch die Entstehung schwarze Löcher und Galaxien. Solche Simulationen haben bereits zu zahlreichen Entdeckungen geführt und unser Verständnis des Universums erweitert.

In der Biologie und Medizin werden Supercomputer eingesetzt, um die komplexe Struktur von Molekülen, Proteinen und Enzymen zu erforschen. Dadurch wurden bereits neue Medikamente und Behandlungsmethoden entwickelt. Ebenso wird Supercomputing genutzt, um Krankheiten besser zu verstehen und neue Ansätze zur Früherkennung und Behandlung zu finden.

Auch die Klimaforschung profitiert von der Rechenpower von Supercomputern. Durch die Simulation von komplexen Klimamodellen können Wissenschaftler die Auswirkungen des Klimawandels genauer vorhersagen und daraus Entscheidungen ableiten. Durch die Simulation von Szenarien, wie sich der CO_2-Ausstoß in der Zukunft entwickeln könnte, lassen sich mögliche

Folgen auf das Erdklima berechnen.

Im Bereich der Materialwissenschaften werden Supercomputer genutzt, um die Eigenschaften neuartiger Materialien zu ermitteln oder Materialien gezielt zu designen. Dadurch können Forscher und Ingenieure zum Beispiel das Verhalten von Materialien bei hohen Temperaturen, unter Druck oder Strahlung simulieren. Dieses Wissen kann dann in der Industrie eingesetzt werden, um bessere Werkstoffe zu entwickeln.

Supercomputer erleichtern auch die Suche nach neuen Entdeckungen in der Teilchenphysik. Hier werden riesige Datenmengen generiert, die mithilfe von Algorithmen genau analysiert werden müssen, um neue Teilchen und physikalische Phänomene zu entdecken. Die Datenauswertung von Teilchenbeschleunigern wie dem Large Hadron Collider (LHC) am CERN wäre ohne Supercomputer undenkbar.

Zusammenfassend lässt sich sagen, dass Supercomputer in fast allen Bereichen der wissenschaftlichen Forschung unverzichtbar geworden sind. Sie ermöglichen Simulationen, die in der realen Welt nicht durchführbar wären und führen zu neuen Entdeckungen und Erkenntnissen. Aufgrund ihrer hohen Rechenleistung und ihrer Flexibilität sind Supercomputer ein wichtiger Faktor für den Fortschritt in der Wissenschaft.

KÜNSTLICHE INTELLIGENZ UND MACHINE LEARNING AUF SUPERCOMPUTERN

Künstliche Intelligenz (KI) und Machine Learning revolutionieren zunehmend die Wissenschaft und Industrie. Bei der Verarbeitung von großen Datenmengen und der Trainierung komplexer Modelle stoßen herkömmliche Computer jedoch schnell an ihre Grenzen. Supercomputer bieten eine Lösungsmöglichkeit, da sie in der Lage sind, die benötigte Rechenleistung zu liefern.

Künstliche Intelligenz und Machine Learning auf Supercomputern bieten enorme Vorteile. Beispielsweise können komplexe Modelle mit einem größeren Datensatz trainiert werden, was letztendlich bessere Ergebnisse liefert. Supercomputer ermöglichen es auch, tiefere neuronale Netze zu verwenden, wodurch das Potenzial für präzisere Vorhersagen steigt.

Supercomputer können für eine Vielzahl von Anwendungen in der KI und im Machine Learning eingesetzt werden. Ein Beispiel ist die Bilderkennung für selbstfahrende Autos. Um diese Technologie erfolgreich zu implementieren, müssen die Systeme Millionen von Bildern verarbeiten und interpretieren können. Supercomputer können diese Verarbeitung in kürzerer Zeit durchführen, als es herkömmliche Computer könnten.

Ein weiteres Beispiel für den Einsatz von Supercomputern in der KI ist das Vorhersagen von Wegbeschreibungen mit neuronalen Netzen. Hier muss der Computer eine große Menge an Trainingsdaten verarbeiten, um die Vorhersagen akkurater zu machen. Durch die Verwendung von Supercomputern kann die Berechnungszeit verkürzt und die Vorhersagegenauigkeit verbessert werden.

Ein weiterer Anwendungsfall für Supercomputer in der KI ist das Training von virtuellen Assistenten wie Alexa oder Siri für bessere Spracherkennung und -verarbeitung. Durch die Verwendung von Supercomputern kann die Sprachverarbeitung und -analyse beschleunigt und verbessert werden, was zu einer präziseren Interaktion mit den virtuellen Assistenten führt.

In der Forschung bietet der Einsatz von Supercomputern in der KI auch neue Möglichkeiten. Beispielsweise können Supercomputer genutzt werden, um genauer Vorhersagen zur Klimaentwicklung zu machen, indem sie große Datenmengen aus verschiedenen Quellen analysieren.

Insgesamt offerieren Supercomputer enorme Potenziale für die Nutzung von Künstlicher Intelligenz und Machine Learning. Sie ermöglichen die Verarbeitung großer Datenmengen in kürzerer Zeit, was zu präziseren Vorhersagen und besseren Ergebnissen führt. Unternehmen, Organisationen und Wissenschaftler, die Supercomputer für ihre Forschung und Entwicklung nutzen, haben einen signifikanten Wettbewerbsvorteil im Markt.

QUANTENCOMPUTER
VERSUS SUPERCOMPUTER

Supercomputer gelten seit Jahrzehnten als die Kraftpakete unter den Rechenmaschinen. Sie ermöglichen es Forschern und Wissenschaftlern, komplexe Berechnungen extrem schnell durchzuführen und bilden so die Grundlage für viele bahnbrechende Entdeckungen und Erfindungen. Doch seit einigen Jahren steht den Supercomputern ein neuer Konkurrent gegenüber - der Quantencomputer. In diesem Kapitel möchten wir die Unterschiede und Gemeinsamkeiten zwischen den beiden Technologien näher beleuchten.

Ein traditioneller Supercomputer basiert auf der Verwendung von Transistoren, die elektrische Signale zur Übertragung von Informationen nutzen. Dabei beschleunigen Millionen von Prozessoren und Speicherbausteinen die Berechnungen. Im Gegensatz dazu funktioniert ein Quantencomputer auf der Grundlage von Quantenbits (qubits), die sich in einem Zustand der Superposition befinden. Dies bedeutet, dass jeder Qubit nicht nur den Wert 0 oder 1 aufweisen kann, sondern beide Zustände gleichzeitig einnehmen kann. Auf diese Weise kann ein Quantencomputer erstaunliche Rechenleistungen erbringen und komplexe Berechnungen durchführen, die mit traditionellen Supercomputern nicht möglich sind.

Ein weiterer Unterschied zwischen den beiden Systemen ist der Ansatz zur Parallelverarbeitung. Während ein traditioneller Supercomputer mehrere Aufgaben gleichzeitig ausführt und sie dann zusammenführt, um das Endergebnis zu erzielen, führt ein Quantencomputer viele Aufgaben parallel aus und liefert das Gesamtergebnis als eine Art Überlagerung von allen möglichen Zuständen zurück. Auf diese Weise kann ein Quantencomputer unglaublich komplexe Berechnungen in sehr kurzer Zeit durchführen.

Allerdings gibt es auch einige Einschränkungen bei der Verwendung von Quantencomputern. Zum einen sind sie noch nicht ausgereift und können daher nicht so vielseitig eingesetzt werden wie herkömmliche Supercomputer. Zum anderen sind die Kosten für den Bau von Quantencomputern immens hoch, da ihre Herstellung sehr anspruchsvoll ist und viele technische Herausforderungen enthält.

In der Forschung könnten Quantencomputer jedoch bahnbrechende Fortschritte in der Simulation von Molekülen, der Entwicklung von Medikamenten und im Bereich der Kryptographie ermöglichen. Die Verwendung von Quantencomputern und Supercomputern in Kombination könnte somit noch größere Fortschritte in der Wissenschaft ermöglichen und uns weitere Erkenntnisse und Entdeckungen bringen.

Abschließend kann man sagen, dass Quantencomputer und Supercomputer, obwohl sie verschiedene Ansätze zur Rechenleistung haben, sich nicht unbedingt ausschließen, sondern sich vielmehr gegenseitig ergänzen können. In der Zukunft wird sich zeigen, welche Technologie sich in welchen Bereichen bevorzugt etablieren wird und welche Rolle sie in der Forschung und Entwicklung spielen werden.

HERAUSFORDERUNGEN BEI DER ENTWICKLUNG VON SUPERCOMPUTERN

Supercomputer sind wichtige Werkzeuge für die Erforschung von Wissenschaft und Technologie. Mit zunehmender Größe und Komplexität stellen die Entwicklungen von Supercomputern jedoch eine Herausforderung für Ingenieure und Designer dar. Im Folgenden betrachten wir einige der Schwierigkeiten, die bei der Entwicklung von Supercomputern auftreten können.

1. Kühlung: Ein Supercomputer erzeugt eine erhebliche Menge an Wärme, und eine angemessene Kühlung ist für den ordnungsgemäßen Betrieb unerlässlich. Die Kühlung großer Systeme kann sehr teuer werden, und die Ingenieure müssen innovative Methoden entwickeln, um die Wärme abzuführen.

2. Speicher: Supercomputer erfordern eine enorme Speicherbandbreite und -kapazität. Bei High-Performance-Computing-Anwendungen werden oft viele Daten zwischen Speichergeräten und der CPU hin- und hergeschoben. Eine ineffiziente Speicherhierarchie kann zu Verzögerungen oder Engpässen im System führen.

3. Skalierbarkeit: Supercomputer müssen in der Lage sein, sich an sich ändernde Anforderungen anzupassen und skalieren zu können. Die Parallelität von Supercomputern bedeutet, dass das System effizient skalieren und die Leistung von mehreren hunderttausend Prozessoren nutzen kann.

4. Energieeffizienz: Supercomputer verbrauchen enorme Mengen an Energie, sowohl für den Betrieb als auch für die Kühlung. Eine effizientere Nutzung der Energie ist von

entscheidender Bedeutung, um umweltfreundlicher zu sein und die Betriebskosten zu senken.

5. Systemsoftware: Die Programmierung von Supercomputern ist im Allgemeinen komplexer als bei herkömmlichen Systemen. Die Entwicklung von Systemsoftware, die effizient auf mehreren hunderttausend Prozessoren ausgeführt werden kann, kann eine Herausforderung darstellen.

6. Kosten: Die Entwicklung von Supercomputern ist teuer und erfordert eine beträchtliche Finanzierung. Die Kosten für die Infrastruktur, die Hardware, die Software und den Betrieb können prohibitiv sein, insbesondere wenn der Computer gebaut wird, um spezifische Aufgaben zu erfüllen.

Die Herausforderungen bei der Entwicklung von Supercomputern sind große Hürden, aber es lohnt sich, sie zu überwinden. Durch die Überwindung dieser Herausforderungen tragen wir dazu bei, die Grenzen unserer Wissenschaft und Technologie weiter zu erweitern.

ENERGIEEFFIZIENZ VON SUPERCOMPUTERN

Supercomputer sind bekannt dafür, massive Rechenleistung bereitzustellen. Doch diese Leistung kommt mit einem Preis: Energieverbrauch. Der Betrieb eines Supercomputers benötigt enorme Mengen an Strom und hat daher Auswirkungen auf die Umwelt und den Geldbeutel der Nutzer. Aus diesem Grund haben Wissenschaftler und Ingenieure im Bereich Supercomputing in den letzten Jahren ihre Aufmerksamkeit auf das Thema Energieeffizienz gerichtet.

Das Energiesparpotential bei Supercomputern ist enorm, und deshalb ist es wichtig, die Energieeffizienz auf unterschiedlichen Ebenen zu optimieren. Zum Beispiel kann man bei der Anwendungsentwicklung darauf achten, dass Algorithmen so geschrieben werden, dass sie die Hardware effektiver nutzen. Ebenso können Hardware-Designs verbessert werden, um Energieverluste zu minimieren.

Moderne Supercomputer nutzen mehrere Techniken, um die Energieeffizienz zu verbessern. Eine Technik ist die Verwendung von energieeffizienten Komponenten, wie beispielsweise spezialisierte Chips, die für bestimmte Anwendungen optimiert sind. Ein weiterer Ansatz ist der Einsatz von intelligenten Algorithmen, um die Auslastung der Ressourcen zu optimieren. Dadurch können ungenutzte Kapazitäten vermieden und der Energieverbrauch gesenkt werden.

Eine andere Möglichkeit, die Energieeffizienz von Supercomputern zu verbessern, ist die Nutzung erneuerbarer Energiequellen wie Solarenergie, Windenergie oder Wasserkraft. Die Verwendung von erneuerbaren Energien hilft, den umweltschädlichen Gaseausstoß und die Abhängigkeit von fossilen Brennstoffen zu reduzieren.

Um sicherzustellen, dass sich der Energieverbrauch von Supercomputern in vernünftigen Grenzen halten lässt, hat das Energy Star-Programm der US-Regierung Richtlinien festgelegt, die den Energieverbrauch von Supercomputern regulieren. Diese Richtlinien geben an, welche Komponenten in Supercomputern energieeffizient sein sollten und wie die Leistung dieser Systeme nach verschiedenen Gesichtspunkten bewertet werden sollte.

Insgesamt sind Wissenschaftler und Ingenieure im Bereich Supercomputing sehr engagiert, wenn es um das Thema Energieeffizienz geht. Durch die Verwendung von energieeffizienten Komponenten und intelligenten Algorithmen, die Nutzung erneuerbarer Energiequellen sowie die Einhaltung von Standards wie den Energy Star-Richtlinien, wird die Energieeffizienz von Supercomputern stetig verbessert. Letztendlich führt dies zu besseren Rechenleistungen bei gleichzeitig reduziertem Energieverbrauch - und das ist sowohl für die Umwelt als auch für die Nutzer der Supercomputer von Vorteil.

SUPERCOMPUTER
UND BIG DATA

Die Datenmenge, die heute produziert wird, ist immens. Es wird erwartet, dass bis 2025 weltweit 175 Zettabyte an Daten produziert werden, was einer Verzehnfachung gegenüber 2018 entspricht. Diese Menge an Daten lässt sich aufgrund ihrer Komplexität und Größe nicht mehr von herkömmlichen Methoden wie relationalen Datenbanken oder Excel-Tabellen verarbeiten. Supercomputer bieten jedoch die notwendige Rechenleistung, um diese Datenmengen in angemessener Zeit zu verarbeiten und nutzen.

Big Data ist ein Begriff, der sich auf Datensätze bezieht, die zu groß, zu schnelllebig oder zu komplex sind, um sie mit herkömmlichen Methoden der Datenverarbeitung zu analysieren und zu verarbeiten. Datenquellen können z.B. aus Sozialen Medien, Transaktionen von Kreditkartenunternehmen, Satellitendaten, klinischen Studien oder Sensordaten stammen und beinhalten oft unstrukturierte Daten.

Supercomputer können Daten in Echtzeit erfassen, verarbeiten und analysieren, um schnellere Entscheidungen zu ermöglichen. Sie können auch Algorithmen zur Analyse von Big Data ausführen, um Muster und Zusammenhänge in den Daten zu identifizieren, die von Menschen nicht wahrgenommen werden können. Mit der Hilfe von Machine Learning können Supercomputer auch Vorhersagen machen und künstliche Intelligenz nutzen, um komplexe Probleme zu lösen.

Ein Beispiel für die Anwendung von Supercomputern zur Verarbeitung von Big Data ist das Human Brain Project. Dieses Projekt zielt darauf ab, das menschliche Gehirn und seine

Funktionen und Strukturen zu verstehen. Das Projekt sammelt riesige Datenmengen und setzt fortgeschrittene Datenanalyse-Methoden ein, um die Komplexität des Gehirns zu erforschen. Das Human Brain Project verwendet auch Supercomputer, um große neuronale Netze zu simulieren.

In der Geschäftswelt wird Big Data oft zur Geschäftsentscheidung verwendet. Unternehmen können mithilfe von fortschrittlichen Analysen Handlungsempfehlungen aus den Daten ziehen. Die Analyse von Kundendaten ist ein beliebtes Anwendungsfeld, um Vorlieben oder Einkaufshistorien von Kunden zu identifizieren. Die Analyse von Big Data kann aber auch dazu genutzt werden, Vorhersagen über zukünftige Entwicklungen zu treffen oder Abweichungen im Markt auszumachen.

Supercomputer sind somit in der Lage, Big Data zu verarbeiten und nutzen, um wertvolle Einblicke und Vorhersagen zu sammeln. Es bleibt abzuwarten, wie die Technologie in Zukunft die schnelle Verarbeitung von Big Data mit Machine Learning und künstlicher Intelligenz weiterentwickeln wird und wie dies die Art und Weise verändert, wie wir Entscheidungen treffen oder wissenschaftliche Probleme angehen.

VERNETZUNG UND PARALLELISIERUNG VON SUPERCOMPUTERN

Supercomputer sind in der Lage, enorme Mengen von Daten und komplexe Berechnungen in kurzer Zeit zu bewältigen. Eines der Geheimnisse dahinter ist die Vernetzung und Parallelisierung von Supercomputern. Im Gegensatz zu Desktop-Computern arbeiten Supercomputer nicht auf einer einzelnen CPU, sondern auf einem Netzwerk von mehreren tausend CPUs, die so zusammengeschaltet sind, dass sie auf ein gemeinsames Ziel ausgerichtet sind. In diesem Kapitel werden die Technologien und Praktiken der Vernetzung und Parallelisierung von Supercomputern erläutert.

Vernetzung von Supercomputern

Die Vernetzung von Supercomputern bezieht sich auf das Netzwerk, das mehrere CPUs untereinander verbindet und somit als zentrale Nervenbahn für die Datenübertragung fungiert. MPC (Message Passing Interface) ist heute das gängigste System zur Vernetzung von Supercomputern. Sie bietet eine hohe Zuverlässigkeit, Skalierbarkeit und kurze Latenzzeiten, die für die Bewältigung komplexer Berechnungen und Anwendungen erforderlich sind.

Parallelisierung von Supercomputern

Ein weiteres wichtiges Konzept im Bereich der Supercomputing-Architektur ist die parallele Verarbeitung. Dies ist ein Konzept, bei dem mehrere CPUs gleichzeitig an der gleichen Aufgabe arbeiten, indem sie verschiedene Teile des Problems gleichzeitig bearbeiten. Die parallele Verarbeitung erhöht die Geschwindigkeit des Computings erheblich, da mehrere CPUs gleichzeitig arbeiten können und somit parallel zur Lösung des Problems beitragen.

Es gibt zwei Arten von paralleler Verarbeitung: symmetrische Multiprozessoren (SMP) und Message Passing Interface. SMP-Systeme teilen den Arbeitsspeicher, während MPI-Systeme den Arbeitsspeicher nicht teilen. MPI hat den Vorteil, dass es skalierbarer ist und daher besser für Supercomputer geeignet ist.

Vernetzung und Parallelisierung in der Praxis

Das Vernetzen und Parallelisieren von Supercomputern ist ein komplexes Verfahren, das spezialisierte Techniker und ein erhebliches Budget erfordert. Die Umsetzung erfordert eine enge Zusammenarbeit zwischen Hard- und Softwareingenieuren sowie IT-Experten. Deshalb sind nur wenige große Unternehmen, Regierungen und Forschungseinrichtungen derartige Ressourcen investieren können, in der Lage, in eine solche Infrastruktur zu investieren.

Die nationale Forschungs-, Bildungs- und Wissenschaftseinrichtungen sind wohl die prädestinierten Kunden im Bereich der Supercomputer-Vernetzung und Parallelisierung. Solche Einrichtungen haben einen hohen Bedarf an Supercomputing und unterhalten oft eigene Supercomputer-Cluster, während Unternehmen solche Nutzung eher on-demand oder via Cloud-Computing abdecken.

Fazit

Vernetzung und Parallelisierung sind die beiden mächtigen Praktiken, die Supercomputer zu dem machen, was sie heute sind. Die Fähigkeit, enorme Mengen an Daten und Berechnungen zu verarbeiten, wird durch die enge Verknüpfung unterschiedlicher Prozessoren sowie das parallele Arbeiten erreicht. Die praktische Anwendung dieser Technologien ist ein langwieriger, komplexer Prozess, der viele Ressourcen erfordert. Jene, die sich jedoch darauf einlassen, können die Fähigkeiten des Supercomputings auf ein völlig neues Niveau bringen.

ANFORDERUNGEN AN SUPERCOMPUTER FÜR DAS EXASCALE-ZEITALTER

Supercomputer durchlaufen derzeit eine schnelle Evolution, um den Supercomputing-Bedarf der wissenschaftlichen Forschung, der Wirtschaft und des Militärs zu decken. Mit der steigenden Komplexität und Datenmenge steigen auch die Anforderungen an die Hardware, die Bandbreite und die Vernetzung von Supercomputern. Mit der Implementierung und Einführung von Supercomputing-Systemen der nächsten Generation in das Exascale-Zeitalter müssen die Herausforderungen, die sich aus den Anforderungen ergeben, gemeistert werden.

Das Exascale-Computing wird eine Million Billion (10^{18}) Recheneinheiten pro Sekunde zur Verfügung stellen, was eine enorme Herausforderung für die Hardware darstellt. Die Supercomputer-Architektur und die Verarbeitungsleistung müssen um ein Vielfaches erhöht werden, um diesem Bedarf gerecht zu werden. Die parallele Verarbeitung muss dramatisch verbessert werden, um eine bessere Skalierbarkeit und Leistung zu erreichen. Die Speicherverwaltung muss optimiert werden, um schnelleren und effektiveren Zugriff auf Daten zu ermöglichen.

Ein weiterer wichtiger Faktor ist die Energieeffizienz. Supercomputer verbrauchen derzeit enorme Mengen an Energie. Ein Exascale-System würde voraussichtlich etwa 200 Millionen Watt benötigen, was einem Stromverbrauch von durchschnittlich 200.000 Haushalten entspricht. Dies stellt eine enorme Herausforderung dar, da die Energiekosten und die Einschränkungen der Stromversorgung nach wie vor ein Hindernis darstellen.

Die Vernetzung und Interoperabilität zwischen den Supercomputing-Systemen muss auch verbessert werden, um eine reibungslose Datenübertragung und -verarbeitung zu gewährleisten. Hierbei spielt die Integration von Netzwerk-Technologien wie InfiniBand, das eine hohe Bandbreite, niedrige Latenz und Zuverlässigkeit garantiert, eine wichtige Rolle.

Ein weiterer Faktor bei der Entwicklung von Exascale-Supercomputern ist die Konstruktion von Supercomputern, die skalierbar, modular und einfacher zu bedienen sind. Einige Experten raten darüber hinaus, den Aufbau von Exascale-Supercomputern so zu gestalten, dass sie nach dem Bau optimiert und auch später noch einfach erweitert werden können.

Insgesamt sind die Anforderungen an Supercomputer im Exascale-Zeitalter enorm. Von einer dramatischen Steigerung der Verarbeitungsleistung und Speicherkapazität über eine Verbesserung der Energieeffizienz bis hin zur Vernetzung und Interoperabilität zwischen den verschiedenen Supercomputing-Systemen muss viel erreicht werden. Trotz der Herausforderungen ist zu hoffen, dass diese Entwicklungen bald zufriedenstellend abgeschlossen werden können, um die Bedürfnisse der Wissenschaft, Wirtschaft und des Militärs bestmöglich zu erfüllen.

DIE ROLLE VON SUPERCOMPUTERN BEI DER LÖSUNG GLOBALER HERAUSFORDERUNGEN

Supercomputer leisten enorm wichtige Beiträge zur Lösung globaler Herausforderungen. Sie werden eingesetzt, um komplexe Datenmodelle zu simulieren und zu analysieren. Hier sind fünf Beispiele, die die Bedeutung von Supercomputern bei der Lösung globaler Herausforderungen unterstreichen:

1. Bekämpfung von Pandemien: In den letzten Jahren haben Supercomputer eine wichtige Rolle bei der Bekämpfung von Pandemien gespielt. Sie werden eingesetzt, um Modelle zu simulieren, um schnellere Diagnosen und Behandlungen zu entwickeln. Bei der aktuellen COVID-19-Pandemie haben Supercomputer dazu beigetragen, um die Ausbreitung des Virus besser zu verstehen und neue Therapien und Impfstoffe zu entwickeln.

2. Klimawandel: Supercomputer werden eingesetzt, um den Klimawandel zu bekämpfen und seine Auswirkungen besser zu verstehen. Durch die Kombination von Klimadaten mit Modellen können sie helfen, die Auswirkungen von Veränderungen besser zu verstehen und so präzisere Vorhersagen zu machen.

3. Energieeffizienz: Supercomputer können dabei helfen, Energieeffizienz und erneuerbare Energien zu verbessern. Durch Simulationen können sie helfen, alternative Energiequellen zu identifizieren und optimieren.

4. Umweltgefahren: Supercomputer können eingesetzt werden,

um Naturkatastrophen wie Erdbeben oder Hochwasser besser vorherzusagen. So können Rettungsdienste und andere Fachkräfte besser auf Katastrophen reagieren und Menschen besser schützen.

5. Weltraumforschung: Supercomputer können dabei helfen, das Universum besser zu verstehen und zu erforschen. Sie werden beispielsweise eingesetzt, um Galaxien und Sterne zu simulieren, um neue Erkenntnisse über das Universum zu gewinnen.

Wie diese Beispiele zeigen, spielen Supercomputer eine immense Rolle bei der Lösung globaler Herausforderungen. Durch die Verwendung der enormen Rechenleistung von Supercomputern können wir schneller und präziser Vorhersagen machen und komplexe Datenmodelle simulieren. Wir können somit hoffentlich eine bessere Zukunft gestalten.

POTENZIAL UND RISIKEN VON SUPERCOMPUTERN IM MILITÄRISCHEN BEREICH

Supercomputer sind seit jeher eine wichtige technologische Ressource für das Militär. Sie spielen eine entscheidende Rolle bei der Entwicklung von Waffen, der Analyse von Kriegsszenarien und der Planung von Operationen. Die Bedeutung von Supercomputern im militärischen Bereich wird in Zukunft weiter zunehmen, da die Vorteile der Verarbeitung großer Datenmengen für die Militärstrategie offensichtlich sind. Doch wie bei jeder Technologie gibt es auch Risiken und ethische Bedenken, wenn es um den Einsatz von Supercomputern im militärischen Bereich geht.

Potenziale von Supercomputern im militärischen Bereich

Die wichtigste Rolle von Supercomputern im militärischen Bereich besteht darin, große Datenmengen zu verarbeiten und komplexe Berechnungen durchzuführen, die für die Entwicklung von Waffen, die Planung von Operationen und die Analyse von Kriegsszenarien von entscheidender Bedeutung sind. Durch die Analyse von Daten können Militärstrategen bessere Entscheidungen treffen und Angriffe präziser und effektiver durchführen.

Eine weitere wichtige Anwendung von Supercomputern im militärischen Bereich ist die Simulation von verschiedenen Szenarien. Durch die Simulation von Kriegsszenarien können strategische Entscheidungen getroffen werden, die zu einem besseren Verständnis und einer besseren Vorbereitung auf verschiedene Bedrohungen führen können. Mit Supercomputern können auch Simulationen von Atomwaffentests durchgeführt werden, was dazu beiträgt, die Auswirkungen von Nuklearangriffen besser zu verstehen und Möglichkeiten zur Verteidigung und Reaktion auf solche Angriffe zu entwickeln.

Ein weiterer Vorteil von Supercomputern im militärischen Bereich ist die effektive Nutzung von Drohnen. Supercomputer ermöglichen eine genaue Identifizierung von Zieldaten und schnellere Entscheidungen zur Angriffsplanung und - koordination.

Risiken von Supercomputern im militärischen Bereich

Obwohl Supercomputer im militärischen Bereich große Vorteile haben, gibt es auch Risiken, die beachtet werden müssen. Ein Risiko ist die Möglichkeit, dass Supercomputer in die falschen Hände geraten könnten. Wenn Supercomputer in die Hände von Feinden fallen würden, könnten sie für Angriffe auf Ziele genutzt werden oder sogar dazu dienen, Technologien zu stehlen, die für die nationale Sicherheit von Bedeutung sind.

Ein weiteres Risiko ist, dass Supercomputer für unethische Zwecke eingesetzt werden könnten. Zum Beispiel könnten Supercomputer eingesetzt werden, um Ziele für Angriffe zu identifizieren, die keine militärischen Ziele sind. Dies könnte zu zivilen Opfern führen und beispielsweise illegale Cyberangriffe auf Unternehmen oder Regierungen ermöglichen.

Ein anderes Risiko ist, dass Supercomputer zu Abhör- und Überwachungszwecken eingesetzt werden könnten. Wenn Supercomputer zur Überwachung von Personen oder Gruppen eingesetzt werden, besteht die Möglichkeit, dass die Privatsphäre von Einzelpersonen verletzt wird. Es ist möglich, dass sensible Informationen missbraucht werden können.

Fazit

Supercomputer spielen im militärischen Bereich eine wichtige Rolle. Sie ermöglichen eine effektive Verarbeitung von Daten und

Berechnungen, die für die sichere und effektive Planung von militärischen Operationen entscheidend sind. Allerdings gibt es auch ethische Bedenken und Risiken, die mit dem Einsatz von Supercomputern im militärischen Bereich einhergehen. Es ist wichtig, dass der Einsatz von Supercomputern im militärischen Bereich sorgfältig geprüft und kontrolliert wird, um negative Auswirkungen auf die Sicherheit und die Menschenrechte zu vermeiden.

SUPERCOMPUTING AS A SERVICE - DIE ZUKUNFT DES SUPERCOMPUTING?

Supercomputing as a Service, auch bekannt als HPC (High Performance Computing) Cloud, ist ein Konzept, das eine neue Technologie nutzt, um ungenutzte Rechenressourcen zu bündeln und auf effiziente und wirtschaftliche Weise bereitzustellen. Hierbei handelt es sich um eine Art von Cloud Computing, die speziell auf die Anforderungen der HPC-Aufgaben zugeschnitten ist.

Die Idee hinter Supercomputing as a Service ist es, die immense Rechenleistung von Supercomputern ohne hohe Investitionen in die Infrastruktur zugänglicher zu machen. Damit könnten nicht nur große Unternehmen, sondern auch kleine und mittelständische Unternehmen, Regierungsbehörden und akademische Institutionen von der Nutzung von Supercomputing über eine Cloud-Plattform profitieren.

HPC Clouds bieten Anwendern eine On-Demand-Plattform, auf der sie Rechenleistung nach Bedarf bezahlen können. Das heißt, Anwender können die Ressourcen, die sie benötigen, auf einer Stunden-, Tage-, Wochen- oder Monatsbasis mieten, ohne hohe Kapitalausgaben tätigen zu müssen. HPC Clouds bieten auch die Möglichkeit, Rechenressourcen schnell und flexibel zu erweitern, was Unternehmen und Wissenschaftlern die Möglichkeit gibt, schneller auf neue Anforderungen und Chancen zu reagieren und mehr Innovationen und Entdeckungen zu generieren.

Supercomputing as a Service bietet auch eine erhöhte Skalierbarkeit, die es Unternehmen ermöglicht, große

Datenmengen effektiver und schneller zu verarbeiten. Die HPC Cloud-Plattformen können mit verschiedenen Arten von Anwendungen arbeiten, wie beispielsweise Datenanalysen, Modellierung und Simulation, Machine Learning und Deep Learning und viele andere Aufgaben, die eine enorme Rechenleistung erfordern.

Die Zukunft von Supercomputing as a Service sieht vielversprechend aus. Die Technologie ermöglicht Unternehmen, eine kosteneffiziente Möglichkeit zur Verbesserung ihrer Rechenleistung und der Bearbeitung großer Datenmengen zu nutzen, ohne Zugang zu einer eigenen Infrastruktur haben zu müssen. Das HPC Cloud-Modell ist auch optimal für Unternehmen, die nicht über ausreichende Mittel verfügen, um Supercomputer direkt zu erwerben.

Jedoch gibt es auch Herausforderungen bei der Umsetzung von Supercomputing as a Service, insbesondere bei der Sicherheit und dem Datenschutz. Die HPC Cloud-Plattform muss eine sichere Umgebung bieten, in der die vertraulichen Daten der Kunden geschützt sind. Es müssen auch die spezifischen Anforderungen der verschiedenen Branchen hinsichtlich Datensicherheit berücksichtigt werden.

Insgesamt bleibt Supercomputing as a Service ein innovatives Konzept, das in der Zukunft eine wichtige Rolle spielen wird. Durch die Nutzung von Cloud-Computing-Technologie können Unternehmen, Regierungsbehörden und wissenschaftliche Gemeinschaften eine kosteneffektive Lösungen zur Verfügung stellen, die die Rechenleistung von Supercomputern nutzt, um neue Entdeckungen, Innovationen sowie wissenschaftliche und technologische Durchbrüche zu ermöglichen.

DAS VERHÄLTNIS VON SUPERCOMPUTERN ZUR KLASSISCHEN IT-INFRASTRUKTUR

Supercomputer sind High-Performance-Computersysteme, die im Allgemeinen für die Durchführung sehr rechenintensiver Aufgaben verwendet werden, die durch die begrenzten Kapazitäten herkömmlicher Computer limitiert wären. Unterstützt durch Netzwerke von verbundenen Servern und Datenspeichern, sind Supercomputer in der Lage, sowohl massive Datenmengen als auch komplexe Verarbeitungsprozesse zu bewältigen. Doch wie verhält sich diese moderne Technologie im Zusammenhang mit der klassischen IT-Infrastruktur?

Grundsätzlich ist die Integration von Supercomputern in ein bereits bestehendes IT-Ökosystem durchaus möglich. In der Tat gibt es viele Beispiele für Unternehmen, die in der Lage waren, Supercomputer in ihre bestehende IT-Infrastruktur zu integrieren. Im Wesentlichen muss der Supercomputer in das vorhandene Netzwerk eingebunden werden und so konfiguriert werden, dass er als "neues Mitglied" in der IT-Struktur fungieren kann. In der Regel geschieht dies durch die Verwendung von speziellen Konnektoren und Gateways, die eine nahtlose Integration in das Netzwerk und somit auch in bestehende Anwendungen und Systeme ermöglichen.

In vielen Fällen erhalten Supercomputer auch eine eigene Architektur, welche auf die Anforderungen der speziellen Anwendung zugeschnitten ist, für die sie eingesetzt werden sollen. Dies bedeutet, dass viele der System-Komponenten wie beispielsweise CPU, GPU oder Arbeitsspeicher individuell zusammengestellt werden. Darüber hinaus sind Supercomputer oft mit einer Vielzahl spezialisierter Schnittstellen und Protokolle ausgestattet, welche jedoch vom Rest des Netzwerks isoliert werden müssen, um die Datenintegrität und -sicherheit zu gewährleisten.

Eine weitere Herausforderung liegt im Skalieren des Supercomputersystems. Im Allgemeinen werden Supercomputer auf der Basis von kombinierten Modulen gebaut, die jeweils durch Netzwerkverbindungen oder spezielle Schnittstellen verbunden sind. Die Anzahl der Module kann jedoch problemlos erweitert werden, was ein großer Vorteil ist. Obwohl dies on-premise geschehen kann, migrieren Unternehmen zunehmend in die Cloud, um ihre Anforderungen erfüllen zu können.

Eine weitere wichtige Überlegung bei der Integration von Supercomputern in eine IT-Infrastruktur ist die Anforderung an eine differenzierte Datenspeicherung. Da Supercomputer in der Lage sind, große Datenmengen zu verarbeiten, bedarf es auch einer leistungsfähigen Storage-Umgebung, einschließlich einer geeigneten Backup-Strategie, die die Wiederherstellung von wichtigen Daten im Falle von Systemausfällen ermöglicht.

Insgesamt ist Supercomputing eine nützliche Ergänzung für eine bestehende IT-Infrastruktur, um Unternehmen in der Lage zu versetzen, komplexe Aufgaben und Datenaufbereitungen zu meistern. Die Herausforderung besteht darin, die Integration in eine vorhandene Infrastruktur effektiv zu managen, um Leistungs- und Sicherheitsanforderungen zu erfüllen. Mit einer sorgfältigen Planung und Implementierung können jedoch die Vorteile von Supercomputing die Leistungsfähigkeit von Unternehmen verbessern.

DER MENSCH HINTER DEM SUPERCOMPUTER - BERUFE IM SUPERCOMPUTING-UMFELD

Supercomputer haben in der heutigen digitalisierten Welt eine bedeutende Rolle in vielen Branchen und Bereichen erlangt. Ihre Entwicklung, Wartung und Nutzung ist jedoch ein anspruchsvolles Unterfangen, welches die Expertise von Fachleuten in verschiedenen Bereichen erfordert. Im Folgenden betrachten wir einige der Berufe, die für das Supercomputing-Umfeld von entscheidender Bedeutung sind.

1. Hardware-Entwickler: Diese Experten entwickeln die Hardware für Supercomputer und sorgen für die Skalierbarkeit, Leistung und Energieeffizienz. Sie sind für die Planung, Entwicklung und Überprüfung der laufenden Systeme zuständig.

2. Software-Entwickler: In vielen Fällen muss die Software speziell auf die Architektur des Supercomputers abgestimmt werden, um die bestmögliche Leistung zu erzielen. Software-Entwickler sind für den Entwurf, die Entwicklung und die Tests von Supercomputer-Software verantwortlich.

3. Systemadministratoren: Diese Experten stellen sicher, dass der Supercomputer reibungslos funktioniert und unterstützen es bei Änderungen und Konfigurationen. Sie sind auch für das Troubleshooting und die Behebung von Fehlern im System verantwortlich.

4. Parallel Computing Compiler: Aufgrund der riesigen Systemleistung und der Notwendigkeit, mehrere Prozesse gleichzeitig auszuführen, ist es wichtig, dass die Programme die parallele Verarbeitung unterstützen. Parallel Computing

Compiler erstellen und optimieren Programme, damit sie auf Supercomputern parallel ausgeführt werden können.

5. Datenanalyse-Experten: Durch das Zusammenführen von Daten aus verschiedenen Quellen können Szenarien simuliert werden. Data-Analyse-Experten helfen dabei, Muster und Trends aus großen Datenmengen abzuleiten und zu verstehen.

6. Forscher: Forscher wissen am besten, wie Supercomputer einzusetzen sind, um komplexe Prozesse zu simulieren, um beispielsweise den Klimawandel zu verstehen, neue Medikamente zu entwickeln und alternative Energiequellen zu erforschen. Sie nutzen die Leistung von Supercomputern, um wissenschaftliche Durchbrüche zu erzielen.

Das Supercomputing-Umfeld bietet eine breite Palette von Karrieremöglichkeiten, die verschiedene Fähigkeiten und Erfahrungen erfordern. Es ist zwingend notwendig, dass das Personal über eine hohe fachliche Kompetenz verfügt und stets auf dem neuesten Stand im Hinblick auf Innovationen und Entwicklungen bleibt.

DIE BEDEUTUNG INTERNATIONALER KOOPERATIONEN FÜR DEN FORTSCHRITT IM SUPERCOMPUTING

Supercomputer stellen im Bereich wissenschaftlicher Forschung oder auch in der Industrie eine enorme Ressource dar. Die Spitzenleistungen, die mit diesen Rechenmaschinen erreicht werden können, sind von unschätzbarem Wert und eröffnen neue Wege, Probleme zu lösen oder neue Erkenntnisse zu gewinnen. Um jedoch die Grenzen des Machbaren weiter auszudehnen, sind internationale Zusammenarbeit und Kooperationen im Supercomputing-Bereich von entscheidender Bedeutung.

Eine der größten Herausforderungen im Supercomputing ist die Entwicklung schnellerer und effizienterer Hardware und Software. Die Kosten für die Entwicklung und den Bau von Supercomputern können schnell in die Milliarden gehen, und kein einziges Land verfügt über das notwendige Know-how oder die Infrastruktur, um alleine mit den schnellsten Supercomputern der Welt mithalten zu können. Aus diesem Grund arbeiten die Branchenführer in einer Reihe von Bereichen zusammen, um die Entwicklung neuer Technologien zu fördern.

Ein solches Beispiel ist das Europäische Hochleistungsrechnen (EuroHPC) Projekt, das im Jahr 2018 ins Leben gerufen wurde. Das Projekt ist ein Verbund von europäischen Staaten, welches das Ziel verfolgt, im Jahr 2023 mindestens zwei der weltweit schnellsten Supercomputer zu betreiben. Dabei arbeiten insgesamt 25 Mitgliedsstaaten, darunter auch Deutschland, Österreich und die Schweiz, im Rahmen dieses Projektes eng zusammen. Die computertechnischen Kompetenzen, sowie die finanziellen Ressourcen der Länder werden gemeinsam genutzt, um die Ziele des Projekts zu erreichen.

Ein weiteres Beispiel für internationale Zusammenarbeit bietet die Supercomputing-Zentren in den USA, die internationale Wissenschaftler in die USA einladen, um auf supercomputing-Systemen zu arbeiten, die eine enorme Datenmenge verarbeiten können. Über das Extreme Science and Engineering Discovery Environment (XSEDE) Programm haben Wissenschaftler aus aller Welt Zugang zu Supercomputern, die mehrere Petaflops Leistung erzielen und in der Lage sind, simulationsbasierte Forschungen in Bereichen wie Physik, Biologie, Wettervorhersage und Chemie effektiv zu unterstützen.

Darüber hinaus werden die internationalen Beziehungen im Supercomputing-Bereich in vielen weiteren Projekten, Plattformen und Netzwerken gepflegt. Ein Beispiel dafür ist das PRACE (Partnership for Advanced Computing in Europe) Programm, welches durch internationale Zusammenarbeit die Forschung und Wissenschaft in Europa unterstützt, indem es eine Reihe von Supercomputing-Facilities, Anwendungen und Kompetenzen bereitstellt. Die PRACE-Partner verfügen über Supercomputer, die auf bestimmte Fachbereiche spezialisiert sind, und bieten ein tiefes Verständnis der kritischen Anwendungen und Herausforderungen in ihrer jeweiligen Domäne.

Diese Beispiele dienen als Beweis dafür, dass internationale Zusammenarbeit im Supercomputing-Bereich zukunftsorientiert und unerlässlich ist, um komplexe wissenschaftliche Herausforderungen zu bewältigen oder in der Industrie Spitzenleistungen zu erzielen. Ohne die Unterstützung von Nachbarländern, Branchengrößen und internationalen Forschungsprogrammen wäre es schwierig, Supercomputer auf dem neuesten Stand zu halten und den steigenden

Bedarf an Datenvolumen zu bewältigen, den unsere heutige Welt verursacht. Kurz gesagt, internationale Kooperationen im Supercomputing-Bereich sichern den Fortschritt und ermöglichen es, den neuesten und schnellsten Supercomputer auf der ganzen Welt zu betreiben, um die Bedürfnisse von Nutzern und Anwendern zu erfüllen.

DIE ZUKUNFT DER SUPERCOMPUTER - PROGNOSEN UND PERSPEKTIVEN

Supercomputer haben in den letzten Jahren und Jahrzehnten enorm an Leistungsfähigkeit und Bedeutung gewonnen. Doch wie wird sich die Entwicklung in den kommenden Jahren fortsetzen? Welche Trends und Entwicklungen sind dabei zu erwarten? In diesem Kapitel werfen wir einen Blick auf Prognosen und Perspektiven für die Zukunft der Supercomputer.

Ein zentrales Thema wird dabei sicherlich die weitere Steigerung der Rechenleistung sein. Bereits in den kommenden Jahren werden die ersten Exascale-Systeme erwartet, die eine Rechenleistung von mindestens einem Exaflop (einer Trillionen Operationen pro Sekunde) erreichen werden. Doch nicht nur die absolute Leistungsfähigkeit, sondern auch die Energieeffizienz wird dabei eine immer wichtigere Rolle spielen. Denn je mehr Rechenpower ein Supercomputer bietet, desto mehr Strom wird er benötigen. Daher sind auch Fortschritte in der Chip-Technologie und der Kühlung von Supercomputern zu erwarten.

Ein weiterer wichtiger Trend ist die immer engere Vernetzung und Koordination von Supercomputern. Bereits heute werden komplexe Anwendungen oft auf mehreren Supercomputern parallel ausgeführt, um die Leistungsfähigkeit zu steigern. In Zukunft werden diese Systeme noch stärker miteinander vernetzt und koordiniert werden. Auch Cloud-basierte Supercomputing-Dienste werden weiterhin an Bedeutung gewinnen und so auch kleineren Unternehmen und Forschungseinrichtungen den

Zugang zu leistungsstarken Rechenressourcen ermöglichen.

Ein weiterer wichtiger Trend ist die steigende Bedeutung von künstlicher Intelligenz und Machine Learning auf Supercomputern. Denn diese Anwendungen stellen hohe Anforderungen an die Leistungsfähigkeit und Speichergröße von Rechnern. Doch auch diese Technologien werden in den kommenden Jahren und Jahrzehnten weiterentwickelt werden, womit auch die Anforderungen an die zugrundeliegende Hardware steigen werden.

Ein weiterer wichtiger Punkt ist die Bedeutung der Supercomputer für die Lösung globaler Herausforderungen. Denn insbesondere in den Bereichen Klimaforschung, Energiewende und Medizin werden Supercomputer eine immer größere Rolle spielen. Wissenschaftliche Durchbrüche mit Hilfe von Supercomputern können dabei helfen, neue Technologien und Lösungsansätze zu entwickeln, die einen positiven Einfluss auf unser aller Leben haben könnten.

Insgesamt bietet die Zukunft der Supercomputer also viele spannende Entwicklungen und Herausforderungen. Es bleibt abzuwarten, welche neuen Anwendungen und Technologien in den nächsten Jahren entstehen werden und welchen Beitrag Supercomputer zu ihrer Lösung leisten werden. Sicher ist jedoch, dass diese Rechner weiterhin eine zentrale Rolle bei der Lösung weltweiter Herausforderungen spielen werden und damit auch in den kommenden Jahren und Jahrzehnten hochaktuell und von großer Bedeutung sein werden.